RECUEIL

DE PLUSIEURS

LETTRES

DE

DOM ARSENE

Religieux Profés de la Trappe,

SUR

SA CONVERSION

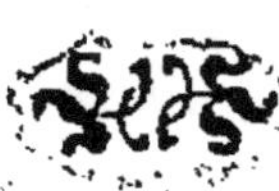

M. DCCI.

DOM ARSENE Reli-
gieux Profés de l'Abbaïe
de la Trappe, est natif de la
Ville de Toulouse, fils de Mr
de Jougla Président en la troisiéme des Enquestes de ce Parlement, connu dans le monde
sous le nom de l'Abbé de Jougla. Il a été Curé cinq ou six
ans de la Paroisse de S. Pierre
de Cuisnes de cette Ville, &
Prieur du Prieuré simple de No-
tre-Dame de S. Chely d'Ap-
cher dans le Gevaudan. Il se
fit Prêtre dans de bonnes vuës
à l'âge de vingt-cinq ans; mais

après avoir bien commencé, il
eut le malheur de s'affoiblir &
de tomber dans le dereglement.
Il aima tous les plaisirs de la
vie, & ne se fit aucune violence. Il étoit tres bien fait de
sa pe sonne, & n'étoit âgé que
de trente-trois à trente quatre
ans, lorsque Dieu par un ex-
cês de misericorde sur luy l'a
retiré des desordres où il étoit,
pour le placer parmy les Saints,
en le faisant entrer à la Trappe
par le ministere de Mademoiselle Rose qu'on connoist assez
dans le monde par les contra-
dictions qu'elle reçoit à Paris,
sans que je prenne soin de la
faire connoistre. Il prit l'habit

de Novice le 30. Avril 1700.
& il vient de faire profession
le 30. Avril de la presente an-
née 1701. avec une joie incon-
cevable & un courage mer-
veilleux. Il a écrit pendant son
Noviciat deux Lettres à M. le
President de Jougla son pere,
deux à M. de Paraza Con-
seiller au Parlement de Toulouse, son frere; & deux à un
Amy de confiance. Ces Lettres
sont si remplies de l'esprit de
Dieu, & contiennent des faits
si fort au-dessus de la nature,
qu'on a cru devoir les donner
au public pour son édification,
& pour le détromper des faux
bruits qui ont couru; car on a

A 3

prétendu qu'il étoit sorti de la
Trappe, ayant reconnu qu'il
avoit été trompé par cette sage
servante du Seigneur. Au reste
on prie le Lecteur de faire réflexion, qu'un homme qui quitte toutes les commodités de la
vie, qu'il avoit abondamment
dans le monde, pour être Religieux de la Trappe, mérite d'en
estre cru sur les faits qu'il rap-
porte ; que les Lettres dont il s'a-
git ne peuvent estre supposées ;
car outre qu'on a les originaux
pour justifier de la verité, Dom
Arsene vit encore, de qui on
peut savoir si elles sont de luy.

I. LETTRE,

écrite à un amy de confiance.

MONSIEUR,

Je ne me suis pas servi de la voie de Mademoiselle Rose pour vous écrire, & répondre à la lettre dont il vous a plu m'honorer, persuadé que vous ne trouveriez pas mauvais que je profitasse de tout le tems qu'elle a resté ici. Son voyage n'a pas été inutile; le changement qui s'est fait en moi depuis le jour qu'elle est partie de Paris pour venir ici m'annoncer de la part de Dieu ses volontés, est si entier, & si extraordinaire, & si

A 5

rempli de miracles, que je ne
fai par quel endroit commen-
cer, pour vous dire en partie les
graces que Dieu verse dans mon
ame. Vous êtes témoin de la sage conduite que cette servante
du Seigneur a tenue pour me
mettre dans la voie de la pénitence que Dieu lui avoit marquée pour expier mes pechés,
& qu'elle ne m'a parlé de la Tap-
pe, que lorsque j'ai été en état
d'en recevoir la proposition ; quelque bonne disposition que j'eusse,
vous savez combien je fremis
dês lors qu'elle m'en parla ; vous
savez les combats que j'ai soute-
nus, mon agonie, pour le dire
ainsi, & tout ce que j'ai souffert
dans la partie inferieure ; vous
l'avez connu par vous même,
& vous vous souvenez sans doute de tout ce que vous m'avez

dit pour m'encourager. Dans quelque abbatement cependant que je fuſſe, & quelque grande que fût mon affliction, & l'obſcurité dans laquelle j'étois, je ne ſuis jamais ſorti de l'ordre de Dieu ; je l'ai toujours ſuivi ; j'ai fait toujours ce que l'on a voulu, & ai été toujours prêt à tout entreprendre par une force ſuperieure que je ne ſentois point, & qui me faiſoit agir malgré que j'en euſſe. Je partis donc avec courage pour la Trappe dans le deſſein pourtant de n'y faire qu'une retraite de quinze jours pour y connoître la volonté de Dieu, & m'en revenir aprês à Paris pour me mettre dans les remedes, & guerir de mon incommodité. (Remarquez même que lorſque je partis j'eus la force de paſſer pardeſſus toutes les raisons que ma santé me pouvoit fournir, & que je m'abandonnai sans savoir comment, quoique je me sentisse extremement malade.) Je m'encourageai beaucoup sur ce que cette Demoiselle me dit, que peut-être le Seigneur, se contenteroit de ma volonté, & qu'il ne demanderoit pas la consommation du sacrifice ; que cependant je me misse en état de le faire, & que je ne l'aurois pas plutôt fait, qu'elle me promettoit de la part de Dieu de grandes graces. Je fis ce que je pus ici pour m'y resoudre, mais je ne pouvois, tant il est vrai que j'avois de l'éloignement pour la Trappe, & pour tout ce qu'on apelle même Religion ; car je n'étois pas moins éloigné de toute autre maison Religieuse. J'ai vu tout ce qu'on fait ici qui

pouvoit me toucher, avec atten-
tion ; j'y faisois les réflexions que
je devois pour cela ; je priois même & demandois instamment à
Dieu & sans relâche l'attrait,
mais je craignois qu'il ne m'e-
xauçât. Vous savez comme j'é-
tois en état de tout faire pour
éviter de me renfermer ; les projets que je faisois sur la maniere
de vivre ailleurs en retraite, qui
me paroissoit bonne, & qui pourtant ne m'étoit suggerée que par
l'amour propre. Je vous en ai
écrit quelque chose ; il faut pourtant convenir, que quelque projet
que je fisse pour me flater, après
m'être tué de penser & de rai-
sonner, je revenois toujours à
ce que cette fille m'avoit dit, &
je concluois qu'il faloit faire ce
qu'elle vouloit, si je voulois être
sauvé. Je concluois ainsi tous mes

raisonnemens en dépit que j'en
eusse; & si je ne vous ai pas
écrit tous les bons mouvemens
que Dieu me donnoit pour cela,
c'est que je craignois que vous
ne me prissiez au mot. Voila,
Monsieur, en partie mes dispositions, & l'état où j'ai été jusqu'au jour que cette Demoiselle
partit de Paris pour venir ici, auquel jour je changeai de situation, goûtant mieux la Trappe,
& desirant même de bonne foi
que Dieu m'en donnât l'attrait.
J'attribuai ce changement à une
conversation que j'eus ce jour-là
avec l'ancien Abbé pour le con-
sulter sur mon état, & sur ce que
j'avois à faire, & aux prieres de
la Communauté que je lui de-
mandai. Je m'entretins dans cette situation jusqu'au jour qu'elle
arriva sur les quatre heures du
soir.

foir. Dieu me découvrit la beauté du facrifice ; je l'envifageai avec
un fi grand plaifir, que j'en ver-
fai un torrent de larmes. Je com-
pris clairement alors le bonheur
d'une ame dépouillée de tout ; qui
merite par là de poffeder Dieu.
Cette penfée me remplit fi fort,
que je ne pouvois me réfoudre à
la quitter , tant j'y trouvois de
gout , quelque chofe que j'euffe
d'ailleurs à faire. La Demoifelle
étoit alors à Saint Maurice à trois
lieuës de la Trappe : elle étoit a-
lors occupée de moi, comme elle
me l'a avoüé. Mon frere même
& Madame la Marquife de ***
s'aperçurent qu'il fe paffoit en elle
quelque chofe d'extraordinaire ;
ils tâcherent, comme mon frere
me l'a dit, de la diftraire, de peur
qu'il ne lui arrivât quelque acci-
dent. Je fus bien furpris le foir

d'aprendre qu'elle étoit arrivée,
Je l'allai voir sans perdre un moment, mais je n'en pus tirer ce
soir-là que des larmes. Sa charité
immense craignoit de m'affliger,
en m'annonçant que Dieu l'avoit
envoyée pour me sacrifier dans la
Trappe à la justice de Dieu. Elle
le fit le lendemain matin aprés la
Messe; mais ajoûtant que Dieu
seroit avec moi, & qu'il me promettoit ses graces. J'agréai sans
hésiter le sacrifice dont la beauté
me revint, qui me charma; j'en
versai de joie & de reconnoif-
sance un torrent de larmes. Je
lui parlai de mon incommodité;
elle me répondit, qu'il faloit que
je buffe la confusion; qu'il faloit
passer pardessus selon les regles
de l'Eglise, & que cela ne devoit
pas m'arrêter; qu'il en faloit parler à l'un & à l'autre Abbé. Je me

foumis à tout cela ; je crus qu'il
faloit que je mourufle comme cela , & que j'éprouvaffe toutes les
fuites fâcheufes de mon mal ; ainfi
j'ajoûtai fans héfiter & avec une
joie infinie au facrifice que je venois de faire de ma liberté & de
toutes les chofes du monde , celui
encore de ma vie pour l'honneur
de l'Eglife , & pour l'expiation de
mes péchés. Le tout fe paffoit chez
moi avec une paix, une confian-
te en Dieu, une joie & une dila-
tation de cœur qui paffe l'imagination. L'un & l'autre Abbé fu-
rent inftruits de mon mal. Chofe
extraordinaire ! ils ne firent aucune difficulté de me recevoir, &
cela ne les arrêta pas. Mon frere
fut celui qui porta la propofition.
Je ne fai ce qui fe paffa alors, &
ce qu'ils conclurent. J'ignorois
que le Seigneur voulût faire un

miracle en ma faveur , & qu'il voulût me guérir par la main de sa servante. Je m'entretenois cependant de la beauté du sacrifice, y prenant des complaisances infinies, rempli d'esperance que Dieu l'agréroit. La mort que je voyois prochaine me consoloit, persuadé que Dieu me feroit miséricorde ; & que remplissant en peu de tems ma carriere dans ce monde, puisque je ne pouvois rien faire au delà, j'en serois d'autant plutôt uni à Dieu éternellement. Que dites-vous , Monsieur, d'un courage aussi héroïque que celui-là dans un homme aussi timide que je le suis ? & ne remarquez-vous pas en tout cela la main de Dieu ? *digitus Dei est hîc.* Aidez-moi par vos prieres , pour reconnoître les graces qu'il me fait : *Misericordias Domini in æternum cantabo*. J'en fuis fi pénetré, que je ne ceffe d'en verfer des larmes. Aprês deux ou trois heures que je fus en cet état, la Demoifelle vint me joindre, & aprês quelque difcours elle me dit, qu'avant d'entrer il feroit bon que je me purgeaffe le lendemain, & qu'elle me donneroit pour cela une purgation qu'elle compoferoit. Alors je n héfitai plus; j'eus une foi vive que je guérirois; je croi même que je guéris fur l'heure, je n'oferois pourtant l'affurer; ce qu'il y a de fûr, c'eft que le lendemain profterné devant JESUS-CHRIST je renouvellai mon facrifice, agréant fes volontés indifferemment fur la guérifon, fur la maladie & fur la mort. J'allai prendre avec cette difpofition le remede; & enfin à l'heure qu'il eft, je fuis entierement guéri comme

B ʒ

ſi jamais je n'avois été malade.
Je ne ſai ſi c'eſt pour un tems ; ſi
cela doit revenir, je m'abandonne à Dieu, ſa volonté ſoit faite.
La derniere parole que cette perſonne m'a dit en partant, a été
que Dieu lui avoit ordonné de
me dire que je ne craigniſſe point
ſi le Demon me tentoit, en me
répreſentant la deſtruction de
ma maiſon, c'eſt à dire de moh
corps ; qu'il ſeroit toujours avec
moi, & qu'il m'en préparoit une
éternelle. Cette parole a renou-
vellé ma joie & ma confiance. Je
ne ſai ce que c'eſt que je vois là
dedans qui me conſole ; les ſouffrances d'un côté, la bonté de
Dieu de l'autre, la paix, le deſir
de ſouffrir, la poſſeſſion de Dieu,
un Dieu qui couronne ſon œuvre, & qui récompenſe les diſpoſitions qu'il me donne ; en un mot

tout me remplit, & je ne fai où
j'en fuis quelquefois par la gran-
deur des confolations qu'il me fait
reffentir. Je trouve à prefent la
vérité des promeffes que cette fille
m'a toujours fait de la part de
Dieu, fi je faifois le facrifice. Vous
ne fauriez comprendre combien
il me tarde de l'avoir fait, & de
me dépouiller de tout réellement.
J'avois omis à vous dire que cette
fille avoit prédit un jour à mon
frere ma guérifon, allant aux Car-
mes; il vous dira ce qu'elle lui dit :
cela joint à ce qui s'eft paffé ici, je
n'en puis pas douter. Interrogez
là-deffus mon frere. J'avois encore omis à vous dire, que depuis
que je fuis ici, j'avois prié Dieu
de me tirer de l'incertitude où
j'étois; je ne ceffois de lui demander, avec foumiffion pourtant, de
me faire connoître, s'il fe pou-

voir, la vérité & la bonté de ma
vocation par quelque marque extraordinaire. J'avoue que ma priere étoit téméraire, & que je craignois de tenter Dieu ; je la faisois
pourtant, pressé, pour le dire
ainsi, de la faire, en l'accom-
pagnant de toute la soumission
qui pouvoit la rendre agréable.
Aujourd'hui, Monsieur, ne suis-
je pas exaucé ? je voi clairement
à n'en pouvoir pas douter, que
la conduite de cette fille a été
à mon égard celle de Dieu, &
qu'elle n'a rien fait & rien dit que
par son ordre ; & sur tout je me
voi guéri miraculeusement. Il
s'est passé ici bien des choses que
je ne vous écris pas, de peur d'ê-
tre trop long ; je me reserve avec
le tems de vous faire voir pour
votre édification & votre consolation, tout ce que Dieu a fait dans

cette affaire pour moi par le mini-
ſtére de ſa ſervante ; je le ramaſſe-
rai, je l'écrirai, & vous l'enverrai,
ſans comter que je prétens m'en
ſervir pour m'animer à m'unir à
Dieu. Je vous prie cependant,
Monſieur, de vouloir inceſſam-
ment lever vos mains au Ciel.
Quoique j'en ſois tres-favoriſé
dans le tems même que je le mérite ſi peu, je puis cependant ne
pas répondre aux graces que j'en
reçois. Je dois tout craindre de
ma lâcheté & de ma foibleſſe.
Obtenez-moi la fidelité & la per-
ſévérance ; je comte ſur votre
charité. Je ſuis avec reſpect,

De la Trappe
ce 21. Avril 1700.

> Votre tres-humble & tres-
> obéïſſant ſerviteur
> L'Abbé de Jougla.

II. LETTRE,

écrite au même.

MONSIEUR,

Je m'imagine que vous ne fe-
rez pas fâché d'aprendre des nouvelles d'un Novice folitaire, pour
le falut duquel vous vous êtes déja intereflé lorfqu'il étoit dans le
monde, & de les aprendre par
lui-même. Je vous avoue d'abord
que je fuis embaraffé de renfermer dans l'efpace d'une lettre
commune tout ce que j'ai à vous
dire des bontés infinies que Dieu
a pour moi; ainfi ne foyez pas
furpris de la longueur de celle-ci,
j'ai même retranché quantité de

hofes. Il y a environ trois mois
& demi que je fuis renfermé dans
e defert ; je me donnai d'abord
l'honneur de vous écrire, & vous
vous fouvenez aparemment que
je ne vous parlois dans ma lettre
que de l'abondance des douceurs
& des confolations dont Dieu me
combloit felon la promeffe que
Mademoifelle Rofe m'en avoit
fait de fa part, lorfque j'héfitois,
& que j'étois effrayé de l'état où
Dieu m'apeloit. Je fus environ
un mois dans ces confolations,
pendant lequel tems le Seigneur,
pour le dire ainfi, prenoit plaifir
d'engraiffer la victime, & de la
préparer pour le facrifice ; dês lors
qu'il me vit affez fort pour les
épreuves, il me fevra. Il le fal-
loit fans doute pour me donner
lieu de faire pénitence, pour me
purifier, & me difpofer par là à

de plus grandes graces : *Mirabilis Deus in Sanctis suis.* Il est merveilleux à l'égard de ceux qui ne ménagent rien pour se consacrer à lui sans rien ménager ; il est également bon lorsqu'il les afflige & qu'il les console ; & c'est toujours pour des desseins de miséricorde qu'il apesantit sur eux cette même main bienfaisante, dont il les caressoit auparavant. Ces réflexions que je fais ici, Monsieur, & desquelles Dieu me pénetre aujourd'hui, ne me faisoient aucune impression dans le tems de l'affliction, parce que je devois boire le calice dans toute son amertume, & que d'ailleurs Dieu vouloit prendre à son tour ses délices dans mon abandon. Il a été si grand, que je ne savois quelquefois où j'en étois ; Dieu pour qui seul je combatois,

&

& en qui aufſi je voulois unique-
quement me repofer, fe tenoit
ſi bien caché, que je ne pouvois
l'apercevoir, quelques efforts que
je fiffe pour cela, *longè à falute
verba delictorum meorum* ; c'étoit
ma penfée lorfque je voulois le
réclamer ; il étoit avec moi, il
combatoit avec moi, mais je ne
le favois pas, & je me croyois
même indigne de fa protection
par mes infidelités ; il voyoit mes
combats, & il les voyoit, à ce que
j'ai pu comprendre par les fuites,
avec complaifance ; mais c'étoit à
travers d'un voile épais qui le dé-
roboit à ma vuë ; j'étois moi même dans les tenebres, & je ne
voyois rien de tout cela. Mes peines ont été en nombre, & fe fuc-
cedoient les unes aux autres ; tantôt c'étoit la crainte de manquer
à ma vocation, tantôt c'étoit une

amertume & un dégout qui se ré-
pandoit dans tout ce que je voyois
& que je faisois; aujourd'hui c'é-
toit la pensée que je ne me soute-
nois plus que par honneur dans
mon état; demain c'étoit celle
que mes Supérieurs jugeant par là
ma vocation passagére, me ren-
verroient; une fois c'étoit une vie
longue dans des langueurs & des
abatemens continuels qui se pre-
sentoit à moi; une autre fois c'é-
toit mon corps que je voyois perir
avec regret, & qu'il me sembloit
avec cela voir tomber en pieces.
Je dois vous dire en passant, que
je ne me suis jamais si bien porté;
mais je l'ignorois: que tout dé-
licat que je suis, j'ai engraissé avec
toute notre frugalité: que j'ai toujours trouvé dans nos mets un
gout exquis; des mets pourtant
que j'aurois eu peine de regarder

dans le monde, ayant été élevé
d'une autre maniere; en un mot
il n'est rien sur quoi je n'aye été
exercé. Je ne vous dis rien de
la vue que j'ai eu des humilia-
tions, & combien j'en ai fremi;
mon corps qui a résisté aux tra-
vaux & aux veilles de la maison,
étoit accablé sous le poids de mes
peines. j'en ai süé à grosses gou-
tes, mes os en étoient tout bri-
sés, c'étoit par tout une douleur
generale & un accablement si
grand, que je n'avois pas la force
de mettre un pié devant l'autre.
Avec cela je dois vous dire que
je ne suis jamais sorti de l'ordre
de Dieu; que je n'ai jamais man-
qué aucun exercice; que j'ai toujours été dans cette disposition;
que je n'aurois pas voulu faire
un seul pas, s'il m'eût été libre,
pour sortir de mon état contre

la volonté de Dieu ; & que je
n'ai pas eu un feul moment de
regret fur ce que j'avois fait,
digitus Dei eft hic. Bien plus,
c'eft que je remarque que je n'ai
jamais été plus uni à Dieu, que
lorfque je n'en pouvois plus ;
j'avois inceffamment recours à
lui , je m'abandonnois à tout
moment à fa conduite , j'étois
plus exact, je me faifois en tout
plus de violence , en un mot je
n'omettois rien pour l'obliger de
revenir à moi. Je dois encore
vous dire que mes peines n'ont
pas été continuelles & fans rélâ-
che ; le Seigneur me faifoit prendre haleine , & me fortifioit de
tems en tems par de tres-grandes
confolations ; & ordinairement
les confolations les plus fenfibles,
& où je reçevois le plus de lumieres , étoient fuivies de plus

grandes peines : tant il eſt vrai
que nous ſervons un bon Maître,
qui ne tente point ſes ſerviteurs
au delà de leurs forces. Je faiſois
alors mes proviſions pour le mauvais tems , je le prévoyois, &
m'y préparois ; je convenois même avec Dieu , & me convain-
quois de la juſtice & de la bonté
de ſa conduite ; mais tout cela
n'empêchoit pas que je ne ſouf-
friſſe. Je dois encore ajoûter, à
l'honneur de la ſainte Vierge en
qui j'ai toujours eu un grande
confiance , que je ne me ſuis jamais adreſſé à elle , que je n'aye
eu quelque marque ſenſible de
ſa protection. Elle étoit ordinairement ma reſſource dans mon
plus grand accablement ; je revenois de ſon autel ou tout à fait
conſolé , paſſant tout à coup de
l'affliction à la joie , ſans ſavoir

comment; ou plus fortifié pour
suporter ma peine, s'il n'étoit ex-
pedient de n'en être pas délivré
encore; c'eſt à dire que j'en revenois avec une force & un courage que je n'avois pas, & que je
ſentois alors. Entre toutes les graces que j'en ai reçues, il y en a
ſur tout une que je ne puis ou-
blier, & que je ne ſaurois paſſer
ſous ſilence. Un jour il ſe paſſa
en moi une tentation ſi fâcheuſe,
que la ſeule penſée me faiſoit fré-
mir. L'ennemi me parut ſi re-
doutable; je le voyois, à ce qu'il
me ſembloit, ſi fortifié, & j'é-
tois moi-même ſi pénetré de ma
foibleſſe, que je ne pouvois rete-
nir mes larmes dans la vûe d'un
combat ſi inégal & ſi périlleux:
j'eus, ſans héſiter un moment,
recours à la ſainte Vierge, & elle
eut compaſſion de moi, la ten-

ration resta là , & elle n'apro-
cha point ; je la vis dês lors, pour
le dire ainsi, mais plus tranquil-
lement , pendant presque tout un
jour rôder autour de moi , sans
oser m'attaquer ; enfin elle dis-
parut , & j'en fus entiérement
délivré , lorsqu'ensuite je m'allai
prosterner devant l'autel de la
Vierge. On peut dire dans cette
occasion ces paroles du Prophete :
Celui qui fait mettre dans ses in-
terêts la sainte Vierge , n'a rien
à craindre : *Cadent à latere tuo
mille & decem millia à dextris
tuis, ad te autem non appropin-
quabit.* Je ne descens pas , Monsieur, dans un plus long détail,
j'omets une infinité de choses
sur lesquelles je fais aujourd'hui
réflexion, & où je voi évidem-
ment la conduite de Dieu sur
moi. Il ajoûte à toutes ses graces

celle de me convaincre intérieurement qu'il ne s'eſt rien paſſé
que dans ſon ordre, & par raport
à ma ſantification. Il ſemble qu'il
travailloit, par toutes les peines
qu'il m'envoyoit les unes ſur les
autres, à me rendre digne de
lui & de ſes Sacremens, que je
dois enfin recevoir demain. Je
ne m'attens pas pour cela à paſſer
le reſte de mon Noviciat dans
les conſolations; les voies du Seigneur ſont difficiles, les voca-
tions les plus traverſées ſont les
plus ſolides, comme étant plus
dans l'ordre de Dieu; toute autre voie pour aller à lui eſt non
ſeulement ſuſpecte, mais fauſſe.
Il faut ſuivre JESUS-CHRIST,
il faut porter ſa croix tous les
jours, il faut ſe renoncer ſoi même; on n'entre dans la gloire
que par les tribulations; c'eſt l'E-

vangile, il ne parle d'autre chofe,
on n'y peut rien changer. Je fuis,
Monfieur, fi pénetré de ces véri-
tés, que je ferois ce me femble
affligé fi je ne devois pas l'être.
Tout ce que j'attens de l'action
de demain, & que j'efpere de Jesus-Christ avec une tres-
grande confiance, c'eft qu'il me
donnera fon efprit, qu'il me for-
tifiera, & qu'il me fera trouver
ma paix & ma joie dans les fouffrances. Je ne faurois affez ex-
primer mon avidité, pour le dire
ainfi, & le defir que j'ai de m'unir
à lui. Les mouvemens qu'il me
donne déja font fi grands, que le
plaifir de les fentir me caufe un
parfait contentement ; que fera ce
lorfqu'il fera au dedans de moi,
& que je le poffederai ? O que
mes fentimens de reconnoiffance,
Monfieur, font grands! Je n'en

dirai pas davantage , en voila bien , affez pour vérifier la prédiction de Mademoiselle Rofe, & la promeffe qu'elle me fit de la part de Jesus Christ , lorfqu'elle m'affura pofitivement par fon ordre , qu'il aplaniroit toutes les voies que je prévoyois fi rudes & fi difficiles, *afpera in vias planas* ; qu'il feroit avec moi , qu'il me donneroit fes graces ; que je n'avois qu'à le prier , parce que je ferois écouté. A vous parler franchement , je ne m'attribue rien , mais après Dieu j'en rends toute la gloire à fes mérites & à fes fouffrances ; car elle eft fi fort unie à moi , qu'elle ne me perd pas un feul moment de vue , & qu'elle me fuit dans toutes mes actions & mes penfées pour me redreffer. Je veux bien pour votre confolation vous dire quelque chofe de ce qui s'eft paffé depuis qu'elle eft ici; fon féjour n'eft pas moins miraculeux que le premier. Je ne vous dirai rien de la gué- rifon de Mr Maine dont on avoit defefperé, & qu'on croit lui de- voir; elle lui donna un remede. Elle dit à mon frere en arrivant, qu'elle le verroit avant partir; elle l'a vu, elle lui a parlé, & il fe porte bien. Je ne vous parlerai non plus de l'eftime & de la con- fiance que tout le monde a pour elle, combien elle eft connue; de la facilité avec laquelle elle vient à bout de tout ce qu'elle en- treprend, comme elle renverfe les cœurs de tous ceux qui s'opo- fent à fes deffeins. Mon frere vous inftruira de tout, fi vous fouhaitez le favoir. Je vous dirai feulement quelque chofe par ra- port à moi. Dans la premiere conférence que j'eus avec elle, elle me dit qu'il y avoit environ un mois que JESUS-CHRIST lui avoit fait des reproches sur mon peu de confiance, & que mes craintes l'avoient contristé; qu'après les merveilles qu'il avoit operées pour moi, j'avois tort de ne pas comter sur sa protection, & de ne pas m'abandonner entre ses mains pour tout. Ce qu'elle me dit est conforme à ce qui se passa intérieurement dans mon cœur il y a près d'un mois devant l'autel de la sainte Vierge, où j'entendois la Messe. Etant prosterné devant cet autel, pénetré de mon indignité, & craignant de me présenter à JESUS-CHRIST, auquel je ne croyois pas être assez agréable pour oser le prier, je m'adressai dans cette vue à la sainte Vierge pour la prier

prier de s'interesser pour moi,
& de lui offrir mes vœux, espe-
rant qu'il les recevroit de ses
mains ; je me souviens même que
je fis cette priere avec ferveur.
Sur l'heure je me sentis tout ren-
versé, je ne saurois dire ce qui
se passa dans ce moment ; il me
sembla entendre une voix inté-
rieure, & que Jesus-Christ
me reprochoit dans le cœur mes
craintes, ajoûtant qu'il n'étoit
sur cet autel que pour l'amour
de moi. C'étoit immédiatement
aprês la consécration ; il se pré-
sentoit à moi, ce me sembloit,
avec toutes ses plaies. Tout ce
qu'il avoit fait pour moi par le
ministére de Mademoiselle Rose
se présenta à moi dans ce moment, il me fit les mêmes reproches mot pour mot que Mademoiselle Rose me fit. J'en versai

un torrent de larmes, & j'en con-
fervai long-tems un regret fen-
fible. Il me femble que dês ce
moment je fus plus abandonné à
fa conduite; ce que Mademoifelle Rofe me dit, me pénetra.
Aprês l'avoir quittée, le premier
moment que j'eus de libre, je
m'allai profterner devant l'autel
de la Vierge, où je m'abandonnai
aux regrets & aux larmes, dans
la vue d'avoir contrifté JESUS-
CHRIST, & dans le fouvenir
de ces reproches amoureux qui
ne pouvoient venir que d'un
fonds infini de bonté & de tendreffe pour moi. Ce paffage du
Prophete fe préfenta à moi: *Se-*
mel locutus eft Deus, duo hæc au-
divi, quia poteftas Dei eft, &
tibi Domine mifericordia. Je voudrois comprendre le myftere &
le fens de quelques paroles que

Mademoiſelle Roſe me dit en
l'air, qui étoient pour moi des
énigmes, & que ſon humilité
l'empêcha peut-être alors de m'expliquer, deſquelles je ſuis pénetré, & que j'ai écrites autant que
je puis m'en ſouvenir. Vous en
penſerez ce que vous voudrez;
pour moi, comme elle eſt chargée de mon ſalut, & que je lui
ſuis toujours préſent dans mes be-
ſoins, je ne doute point dans ce
moment que je ne le faſſe.

Un autre jour elle me dit que
Dieu demandoit de moi un grand
abandon, & généralement pour
tout; c'étoit les diſpoſitions dans
leſquelles Dieu m'avoit inſpiré de
me mettre il y a quelque tems;
& voulant m'y conformer, il me
l'a fait dire par Mademoiſelle
Roſe, à qui il les a fait connoître. Elle ajoûta en ſoûriant, que

Dieu étoit particuliérement le Dieu de ceux qui s'abandonnoient & se confioient en lui. C'étoit précisément les mêmes termes & la même pensée que j'avois écrite il y a quelques jours pour m'en servir dans les occasions, comme en ayant été touché, avec quelques réflexions que je fis ; je l'avois tirée de S. Bernard sur ce passage du Prophete, où il dit que Dieu est son Dieu, & qu'il esperera en lui : *Deus meus, & sperabo in eum.* Je l'ai fait lire à mon frere, qui étoit présent lorsqu'elle me parloit. Une autre fois mon frere étant present, elle me dit tout à coup, sans que je lui disse rien ; que je devois éviter de faire des projets pour l'avenir ; que je devois vivre du jour à la journée ; que je devois m'apliquer à être bon Religieux ; que Dieu

prendroit foin de moi. Je de-
mandai pour lors à mon frere
s'il comprenoit ce que cela vouloit dire. Je lui dis qu'elle me
parloit fort à propos, & qu'elle
répondoit à mes penſées. Il eſt
vrai que mon pauvre eſprit travailloit là-deſſus depuis quelques
jours, & qu'elle me tint ce lan-
gage dans le tems que j'étois oc-
cupé de pareilles penſées.

Lui ayant demandé un autre
jour le tems de l'abſolution, &
répreſenté en même tems mon
inquiétude ſur l'integrité de ma
confeſſion; elle me dit poſitive-
ment, que je devois être en re-
pos; qu'elle l'avoit connu clairement devant Dieu; & que mes
peines paſſeroient. Elles ont en
effet diſparu. Pour ce qui eſt de
l'abſolution & de la communion,
elle me dit que Dieu ayoit exaucé

nies defirs. Je ne puis pas confier au papier ce qui s'eft paffé en moi, non plus que mes difpofitions, & comme elle me parla confor-mément à cela ; mon frere en eft inftruit.

Je l'ai vue aujourd'hui , elle m'a fçu fort bien dire ce que j'a-vois fait ce matin devant l'autel de la Vierge , où j'avois été pour la prier. Il y a , Monfieur , une infinité de chofes femblables que j'omets , & que je ferois trop long de vous marquer en détail. Je ne puis affez louer la mifericorde du Seigneur , de prendre un foin fi particulier de mon falut , de def-cendre dans un fi grand détail que de vouloir conduire tous mes pas : *Non fecit taliter omni nationi.* Qui peut être certain comme moi de faire en tout la volonté de Dieu ? Je n'ai qu'à bien faire

ce qui m'est ordonné ; je serois
bien coupable si je lui étois infi-
dele. Aidez moi par vos saints
sacrifices, s'il vous plaît, à lui en
témoigner ma reconnoissance,
vous n'obligerez pas un ingrat.
Je suis avec un tres-profond respect,

Monsieur,

De la Trappe
ce 16. Aout 1700.

Votre tres-humble & tres-
obéïssant serviteur
F. Arsene Novice de la Trappe.

I. LETTRE,

*écrite à Mr de Paraza son frere
Confeiller au Parlement
de Touloufe.*

JE viens de recevoir, mon cher Frere, votre lettre dattée de Lion . . . J'ai reçu en même tems une lettre de Mademoifelle Rofe, qui m'aprend votre départ. . . . Il n'y a pour moi que quelques mots : ce peu de mots cependant m'ont été d'un grand fecours, & m'ont donné lieu à une infinité de réflexions auffi utiles que confolantes. Admirez, mon Frere, la conduite de Dieu, & convenez que Mademoifelle Rofe ne parle que par fon ordre. . ., Nous de-

vons vous & moi faire fonds sur
tout ce que dit une personne que
nous savons être remplie de l'esprit de Dieu , & ne rien dire
que par son mouvement. Nous
devons aussi peu douter de la vérité de ses paroles, que de cent
miracles dont nous avons été les
témoins , & qui n'ont été faits
en partie que pour animer notre
foi , & trouver en nous plus de
créance & de docilité. Vous m'en
marquez un dans votre lettre, qui
est bien grand; on le savoit déja
ici, & l'on en est rempli: pour
moi, quoique j'en sois touché,
je n'en suis pas pour cela plus
convaincu que je l'étois, & je ne
dois pas pour cela sortir hors de
moi-même , & avoir recours à
des étrangers. Vous savez tout
ce qui s'est passé de miraculeux
jusqu'à votre dernier voyage à

la Trappe; depuis votre départ, ce qui se passe en moi est un miracle continuel, & bien plus considérable que la guérison subite de ce furieux. Je veux bien vous en faire part à ma confusion, & à la gloire de Jesus Christ & de la sainte Vierge, puisqu'il m'est permis de vous parler, & que d'ailleurs cela ne vous sera pas inutile. Tout ce qui m'arrive m'a été prédit mot pour mot par Mademoiselle Rose; elle me dit que je souffrirois dans l'esprit, que c'étoit l'esprit qui devoit être particuliérement en pénitence, mais que la foi de ce que Dieu avoit fait pour moi devoit me soutenir. En effet je n'ai d'autres peines que celles de l'esprit, & je n'ai d'autres ressources pour m'animer, que le souvenir des bontés de Dieu. La vie de la Trappe,

quelque pénible qu'elle soit, ne
l'est point pour moi, & j'y trouve des douceurs infinies. Il faut
en vérité que Mademoiselle Rose
se soit chargée de beaucoup devant Dieu pour moi. Je ne cesse
tous les jours de prier Dieu d'aug-
menter mes forces & mes peines,
& de l'en décharger. Pour le
corps, il se porte mieux qu'il ne
mérite, j'oserois même dire que
ma santé est en meilleur état
que vous ne la laissâtes en partant. Dieu, qui a répandu sa bénédiction sur nos herbes & nos
racines, m'y fait toujours trouver
un gout merveilleux, & une nou-
riture abondante, & j'engraisse
dans un jeûne sévere, & auquel,
comme vous savez, on préten-
doit que je ne résisterois pas. J'ai
été menacé, mais sans nulle crainte de ma part, d'un de ces rhu-

mes fur la poitrine fi communs
dans ce païs, & qui emportent la
plûpart de nos Solitaires. Notre
P. Maître & le R. P. Abbé en fu-
rent allarmés, mais il s'eft éva-
nouï je ne fai comment; j'avois
en tout cas mon remede tout
prêt. Mademoifelle Rofe me dit
en partant, que s'il m'arrivoit
quelque chofe, je priffe de l'huile;
avec cela je ne crains rien, quelque maladie qui vienne. Vous ne
fauriez comprendre ma confiance; je fuis perfuadé que tandis
que je ne tenterai point le Seigneur, & que je tâcherai d'ailleurs de me tenir dans fon ordre,
l'huile que je prendrois feroit auffi
miraculeufe que celle qui guérit
ce fou. J'ai tant d'expérience de
la puiffance & de la bonté de
Dieu, que je croirois lui faire tort
d'en douter. Mademoifelle Rofe
eft

eſt d'ailleurs toujours auprês de
moi, & c'eſt mon Ange viſible.
Elle me promit avant de partir,
de la part de JESUS-CHRIST
& de la ſainte Vierge, leur protection. Je ne ſaurois vous expri-
mer ma foi & ma confiance en
l'un & en l'autre, nonobſtant
toutes mes craintes, qui ſont très-
grandes en me voyant ſi lâche
aprês toutes les grandes graces que
j'en reçois tous les jours, qui ſont
pour le dire ainſi, ſenſibles, &
qui demanderoient de moi que
je fuſſe tout autre que je ne ſuis.
Ajoûtez à cela, mon cher Frere,
la componction de cœur, ſenſi-
ſible, avec les larmes que JESUS-
CHRIST me donne de tems en
tems, comme Mademoiſelle Roſe
me promit en partant. Je me
ſouviens de vous avoir dit avant
votre départ, qu'elle m'avoit

confié que les deux crachemens
de fang qu'elle avoit eu , avoient
été pour l'amour de moi , & pour
m'obtenir la componction. Je
l'en remerciai , & je croyois que
c'étoit par raport à la Confeffion
générale que j'avois faite. Le matin avant fon départ, pendant que
vous lifiez avec le R. Pere Abbé
la lettre que j'écrivois à M * * *
dans fon cabinet, elle me dit que
Dieu étoit content de moi ; que
JESUS-CHRIST & la fainte
Vierge me promettoient leur
protection ; que je priffe de l'huile
fi quelque chofe m'arrivoit ; que
l'efprit devoit être en pénitence ;
que je ferois délivré de mes craintes & de mes troubles, qui , comme vous favez , avoient été juf-
qu'alors exceffifs ; & qu'enfin de
tems en tems je fentirois la componction avec effufion de larmes.

Je voi, mon cher Frere, tout
cela s'accomplir ; & n'eſt-ce pas
un miracle continuel ? Pour ce
qui eſt de la componction que je
croi devoir à ſon crachement de
ſang, il ne s'eſt pas encore paſſé
de ſemaines que je n'aye pleuré
amerement mes péchés. Mais
que dis-je, amerement ? ô qu'il
y a de douceur dans cette amertume ! Cela arrive une, deux,
trois & quatre fois ; & non pas
un moment, mais quelquefois les
journées entieres, quelquefois
moins, ſelon qu'il plaît à Dieu,
& pour le tems & pour la du-
rée. La maniere dont cela ſe
paſſe ne me permet pas de croire
que ce ſoit illuſion, & un effet
de la nature ; les lumieres que je
reçois, les nouveaux goûts que
j'y prens pour les ſouffrances &
pour l'abandon, le courage avec

lequel j'en ſors pour tout entreprendre, tout cela n'eſt pas na-
turel, & c'eſt Dieu qui agit uni-
quement, & qui me remplit de
confuſion & de reconnoiſſance,
ayant ſi peu fait & faiſant encore
ſi peu tous les jours pour lui : &
afin que je n'euſſe nul lieu de
douter que ce ne ſoit Dieu, c'eſt
qu'ordinairement les plus grandes peines & les plus grandes ob-
ſcurités ſont ſuivies immédiatement & ſans entre-deux, des plus
grandes conſolations ; je veux
dire, que lorſque j'aurai été accablé deux ou trois jours à n'en
pouvoir plus, que je me croirai
le plus éloigné de Dieu par mes
infidélités, & que je ne verrai
point de jour & de reſſource,
ce me ſemble, pour revenir &
ratraper mon premier état, ce
ſera alors, ſans que je ſache

comment, que Dieu prend plaifir de fe communiquer à moi ; &
que je paffe tout à coup, fans
m'en apercevoir , des ténebres
aux lumieres, des afflictions aux
confolations, & pour le dire ainfi, de la terre au ciel. C'eft ainfi
que fe vérifie en moi ce que le
Prophete dit que le Seigneur fait :
Dominus mortificat , & vivificat ;
pauperem facit , & ditat ; humi-
liat , & fublevat ; adducit ad in-
feros , & reducit. Je vous parle,
comme vous voyez, mon cher
Frere, bonnement & avec fim-
plicité, perfuadé que vous n'en
abuferez pas , & que vous gar-
derez le fecret ; je n'en ferois pas
de même à tout autre, fachant
bien, comme dit un Pere, que
deprædari defiderat , qui thefau-
rum publicè portat in via. Je
vous parle d'autant plus libre-

ment', que vous avez été l'in-
ftrument dont Dieu s'eft fervi,
& que vous avez trempé plus que
moi au facrifice : il ne trouvera
pas mauvais, & il ne s'offenfera
pas que je partage avec vous les
fruits de votre courage ; avec
vous, dis-je, qu'il a toujours uni
avec moi dans tous fes deffeins
de miféricorde fur moi, & qu'il
n'a pas voulu féparer aujourd'hui
dans celui qu'il a eu de me fau-
ver fi efficacement. Aidons-nous,
ainfi, mon cher Frere, par nos
prieres mutuelles ; pour moi, foyez
perfuadé que vous & Mademoifelle Rofe m'êtes toujours pré-
fens, & que je m'oublirois auffi-
tôt moi-même. Vous avez tort,
mon cher Frere, de vous plain-
dre dans votre lettre, & de me
croire plus h u eux que vous ; per-
mettez- moi de vous dire, que

vos plaintes pouroient déplaire à Jesus Christ, & le con-trifter. On n'eft pas malheureux dés lors qu'on obéït aux volontés de Dieu, & il n'y a que le regret de les avoir fuivies qui peut nous en rendre. Vous vous damne-riez dans mon état, comme je me damnerois dans le vôtre. Ac-quiefçons, mon cher Frere; re-ftons avec plaifir dans l'état où Dieu nous a mis, & nous nous fauverons, pourvu que d'ailleurs nous foyons fideles à nous tenir dans l'ordre, & que par là nous confervions le droit que notre vocation nous donne aux graces de l'état. Les difficultés ne doi-vent pas nous allarmer, il y en a par tout: *Semel locutus eft Deus; duo hæc audivi, quia poteftas Dei eft, & tibi Domine mifericordia.* Jufques ici nous avons vu les montagnes s'aplanir devant nous; nous fervons vous & moi le même Maître ; il eſt également magnifique & dans le monde, & dans la religion ; & nulle part il ne ſe laiſſe vaincre en libéralités par perſonne. Uniſſons nous ſeulement à Jesus-Christ, contentons-le de plus en plus, comme dit Mademoiſelle Roſe, & nous éprouverons dans la ſuite de plus grandes douceurs, & une facilité merveilleuſe pour tout ce qui nous épouvante. La voie étroite s'élargira à meſure que notre amour & notre union s'augmenteront. Alors ces phantômes diſparoîtront ; nous ne marcherons pas ſeulement, mais nous courrons hardiment ſans peine & avec joie dans la voie de ſes commandemens : *Viam mandatorum tuorum cucurri, cùm dilataſti,*

cor meum. Nous devons inceſſam-
ment relever notre courage par
la vue de ces premieres graces
ſi extraordinaires que nous avons
reçues ſans nul merite de notre
part, & qui ne peuvent venir
que d'un fonds infini de bonté
pour nous : Dieu achevera ce qu'il
a commencé ; il n'en reſtera pas
là aſſurément, ſi nous lui ſom-
mes fideles ; & s'il a daigné jetter
les yeux ſur nous, & nous rapel-
ler de nos égaremens, ſans doute
qu'il nous conſervera dans ſes
voies, lorſque nous ferons nos
petits efforts pour le ſuivre.
Ayons, mon cher Frere, une
confiance toute extraordinaire,
& une reconnoiſſance qui ne
ſoit pas moindre pour la ſainte
Vierge, qui nous a procuré le
bonheur que nous poſſedons.
Comme elle aime infiniment

Jesus Christ son fils, elle
a une bonté & une amitié toute
particuliere pour ceux en qui
elle voit son image, ou qui du
moins font ce qu'ils peuvent pour
la retracer en eux parfaitement,
& fur tout pour les gens du
monde, dont la plûpart ne fa-
vent ce que c'eft, & en qui on
n'en voit pas le moindre trait.
Nous pouvons même dire par les
lumieres que nous avons, que
le mal eft général; que Jesus-
Christ ne fe retrouve plus
dans le monde, & que ceux-
mêmes qui font profeffion de vertu, ne font que défigurer cette
fainte image, ne fuivant que felon leur caprice & leurs paffions
le modele qui leur a été donné, je veux dire, l'Evangile. Re-
venons, mon cher Frere, à notre bonne mere la fainte Vierge,

que vous & moi ne saurions assez
louër & aimer. Comme je ne
vous sépare jamais dans tout ce
que je fais, je vous comprens aussi
dans toutes les prieres que je lui
adresse; je m'offre cent fois le
jour à elle avec vous; & je vous
dirai bonnement que je le fais
d'un si grand goût, que je ne
doute point qu'elle n'agrée l'of-
frande, & qu'elle n'étende également sa protection sur l'un &
sur l'autre. Une de mes peines
est de n'avoir pas d'occasion de
lui en témoigner ma reconnoif-
sance; j'en ai versé des larmes
plus d'une fois aux piés de ses
autels. Dans l'impuissance où j'é-
tois, je la priois d'agréer mes
desirs; j'ajoûtois que pour le reste
je vous en chargerois, que vous
suplériez à mon defaut; & qu'é-
tant unis comme nous sommes,

cela devoit être la même chofe.
Je vous fuplie, mon tres-cher
Frere, de ne pas me démentir,
vous y êtes intereffé autant que
moi ; ne vous contentez pas d'a-
voir pour elle une tendreffe &
une devotion particuliere, mais
tâchez encore d'infpirer aux autres vos fentimens, & de lui pro-
curer autant de ferviteurs que
vous pourrez avec prudence &
difcretion. L'amour qui eft plein
d'inventions vous fournira mille
manieres fans fortir de votre profeffion, & fans en bleffer les bien-
féances. Pour ce qui eft de la
famille, je ne doute point que
vous ne la lui acqueriez, & que
vous ne la faffiez regner fur
tous les cœurs de ceux qui la
compofent. Il eft tems, mon cher
Frere, que je finiffe ; je le fais
auffi. Pardonnez moi la longueur

de

de ma Lettre, je me suis enfilé
je ne sai comment; tout ce que
je vous y dis m'a paru nécessaire; je ne sai si ç'a été le plaisir
de m'entretenir avec vous ou autre chose. Je suis, mon cher Frere, votre tres-humble & tres-
obeïssant serviteur,

De la Trappe
se 1. Novembre 1700.

        F. Arsene Novice de
         la Trappe.

II. LETTRE,

écrite au même.

J'Ai reçu, mon cher Frere, votre lettre en datte du 29. du mois passé, avec un plaisir infini & une tres grande consolation, y ayant vu les graces que vous recevez de Dieu, & les petites épreuves intérieures dont il se sert pour vous purifier & vous rendre digne d'en recevoir de plus grandes; je vous répondrai tres-succintement, parce qu'en vérité je n'ai presque pas de tems à donner à cela. Je ne puis m'empêcher pourtant de vous dire quelque chose par raport à moi, qui peut vous servir dans vos peines présentes, & celles que vous pourrez avoir à l'avenir, si vous êtes assez heureux que Je-sus-Christ veuille vous honorer de sa Croix. Je vous dirai en un mot que je suis dans les ténebres, les obscurités & les craintes, & que Jesus-Christ m'a privé de toutes les graces sensibles qu'il me faisoit depuis que je vous ai écrit; il me semble qu'il n'attendoit que ce moment pour vous en rendre témoignage. Je ne vis plus & ne me soutiens que par la foi, & même obscure; tout m'est caché, & je ne vois plus rien à la reserve d'une infinité d'infidelités, dont la vûe pourtant par la miséricorde de Dieu ne m'effraye pas tant qu'elle faisoit autrefois, mais me fait jetter avec plus d'empressement entre les bras de mon Sauveur. Il n'y a que lui & notre

commune amie qui fache & qui
puiffe comprendre ce que je fouffre dans l'efprit & dans le corps;
je n'ai d'autre reffource que la
penfée que la volonté de Dieu
s'accomplit en moi, & qu'étant
purifié je ferai d'autant plus digne de lui & de fes graces. Je
ne defcens point dans le détail
de ce que je fouffre, ni je ne
vous dis point la maniere admi-
rable dont Dieu s'eft pris pour
me préparer à ces privations, &
me rendre la victime de fes volontés. J'ai écrit mon état à notre amie; elle m'a répondu que
ma lettre lui avoit donné une
grande confolation, étant tout-
à-fait conforme aux connoiffan-
ces que Dieu lui en avoit donné. Sa lettre par laquelle elle
m'affure que ce font des épreuves, eft des plus confolantes;

mais mon tems de confolation n'eft pas venu, & Jesus Christ fufpend l'effet qu'elle devoit produire en moi. Je dois vous dire tout ; je n'ai jamais tant fouffert, & je n'ai jamais été dans une fi grande paix ; je m'abandonne & me fortifie à tous les momens du jour, toutes mes prieres fe réduifent non à demander des confolations & la délivrance de mes peines, mais bien la fidélité & la force de les fupporter; j'ajoûte même que s'il n'y en a pas affez, qu'il m'en envoye davantage, pourvu qu'en les augmentant il augmente mes forces : *Fiat voluntas tua, Paratum cor meum Deus ; non quod ego volo, fed quod tu.* Je dois encore vous dire qu'accablé comme je fuis, fans avoir, pour le dire ainfi, aucun moment de refâche, je n'ai pas encore eu le moindre mouvement de regret & d'impatience ; tout cela se passe sans que personne s'en aperçoive ; mon extérieur est toujours le même, & je trouve la même facilité dans mes exercices. Or ces dispositions & ces sentimens ne peuvent pas venir de moi, ils sont de Dieu, & ce n'est que par lui que je puis les avoir, & que j'ai pu me soutenir comme j'ai fait. Voila, mon cher Frere, comme je raisonne pour me consoler & me fortifier. Aprês tout nous sommes vous & moi entre ses mains ; regardons-nous incessamment comme les victimes de ses volontés ; comme nous avons reçu des graces extraordinaires, nous ne devons pas être surpris si ses épreuves sont aussi plus grandes qu'à l'ordinaire, & s'il demande de nous plus de foi & un plus grand abandon. La vertu ne confiste pas à faire de grandes chofes, mais à fe tenir toujours dans l'ordre de Dieu, & à marcher avec fidélité dans fes voies, quelques penibles qu'elles foient, fans murmurer. Ne nous allarmons point de nos infidélités, qui fouvent ne font telles que dans notre imagination, & par un ordre de la Providence, pour nous exercer & pour prendre fes délices dans nos craintes, & notre prompt recours à lui; elles fervent d'ailleurs à nous établir dans l'humilité. Cependant, mon cher Frere, je ne vous tiens pas parole de vous écrire brievement; je finis auffi ces matieres jufques à ma profeffion que j'efpere d'avoir le plaifir de vous voir. Pour ce qui

eſt de votre départ de la Pro-
vince, je ne ſai quelle difficulté vous faites là deſſus; je ne ſai
pas vos conventions avec Mademoiſelle Roſe, mais je ſai que
vous ne convintes pas en ma pré-
ſence que vous viendriez, elle
m'a même écrit au commence-
ment de ce mois, que vous de-
viez être à Paris dans un mois
& demi ou deux tout au plus,
pour des affaires qui regardent
votre femme, & de là venir ici ;
je lui écrirai comme vous me
marquez; ne vous arrêtez point
quoique vous n'en receviez point
de lettre, ma profeſſion eſt la
conſommation de l'œuvre à laquelle Dieu a bien voulu que vous
ayez ſervi, ne vous privez point
des graces & de la récompenſe
que Dieu apparemment vous y
prépare ; ce ſont à mon tour mes

noces, aufquelles je vous invite.
JESUS-CHRIST qui en doit
faire tous les frais, & la fainte
Vierge qui y affiftera, pourvoi-
ront à tout, & rien n'y manque-
ra. Je vous attends donc, mon
cher Frere. Je fuis tout à vous.

De la Trappe
ce 21. Janvier 1701.

F. Arfene
Novice de la Trappe.

I. LETTRE

écrite à Mr de Jougla son pere, Président en la Troisiéme Chambre des Enquêtes du Parlement de Toulouse.

MONSIEUR mon tres-cher Pere,

J'ai cru que je devois vous faire part des graces que le Seigneur m'a fait depuis que je suis parti de Toulouse, & que je vous rassure de la crainte que vous avez euë avec fondement que je ne goûtasse l'air de Paris, & que me laissant emporter au torrent par ma grande facilité, je ne m'y perdisse, comme la plûpart des jeunes gens. Le grand Dieu de miféricorde, qui m'y attendoit pour ma converfion, & qui avoit ordonné mon départ fans que je le fuffe pour l'execution de fes deffeins fur moi, renverfa d'abord par fa grace tous mes projets d'ambition & de vanité; & me terraffant comme un autre S. Paul par une force fupérieure à tous les efforts de la nature, je me fuis trouvé malgré moi dans cette heureufe néceffité de lui dire comme cet Apôtre, & dans l'amertume de mon cœur : Seigneur, que voulez-vous que je faffe ? *Domine, quid me vis facere?* Il m'a conduit à la Trappe, où je fuis venu avec une pleine confiance qu'il me diroit là fes volontés. En effet, mon cher Pere, je n'ai pas été trompé dans mon attente, *fidelis Dominus*

C'eſt ici qu'il m'a parlé, & que m'ôtant le voile qui étoit devant mes yeux, il m'a fait voir ce que je n'ai pas encore vu, & que je ne pouvois pas même voir étant dans le monde, *apertiſque oculis nihil videbat.* Il m'a fait voir la beauté du ſacrifice d'une ame qui ſe dépouille de tout pour s'unir à JESUS-CHRIST, le bonheur de cette ame dépouillée, les richeſſes que cette ame poſſede dans ſa pauvreté, les douceurs infinies qu'elle goûte au milieu de ſes ſouffrances, ſa gloire & ſon élévation, de pouvoir traiter avec ſon Dieu tandis qu'elle eſt ici bas dans l'humiliation, & inconnuë aux hommes. J'en ſuis ſi rempli & ſi pénetré, qu'il faut, mon cher Pere, que mépriſant tout, je ſuive mon Dieu qui m'apelle. Je ne quitte pas grand' choſe, chofe, je ne fais que lui rendre ce qu'il m'a donné; je le lui facrifie de tout mon cœur; je voudrois avoir quelque chofe de plus confidérable, je le lui facrifierois également. Je confacre avec plaifir le refte de mes jours à la pénitence, mes defordres en ont mérité une plus rude; le defir que j'ai de la faire, & les mérites de mon Sauveur, me tiendront lieu de ce qui me manque; j'ai cette confiance que Dieu me fera miféricorde. Je vous prie, mon cher Pere, de ne pas vous attendrir fur moi; je fuis en vérité un fujet plus digne d'envie que de compaffion. Je veux pour votre confolation vous dire ma fituation, dans laquelle j'efpere que Dieu me foutiendra, quoique j'aye lieu de tout craindre de ma foibleffe; les fouffrances, les hu-

miliations que j'entrevois , cette
volonté anéantie , cette jeuneſſe
perdue,ce corps que j'aimois tant,
détruit peu à peu , la mort même
que je voi prochaine , tout cela
fait mes délices, & mon courage; je ne ſuis jamais tant animé
que lorſque je penſe que je rem-
plirai bientôt ma carriere , & que
je ferai d'autant plutôt uni à mon
Dieu. Je verſe continuellement
des torrens de larmes de reconnoiſſance ; aidez-moi , je vous
prie, par vos prieres à reconnoître la grace que Dieu m'a fait de
m'avoir retiré du monde, où je
me ferois perdu ; de m'avoir donné du tems pour me reconnoître & faire pénitence ; de tous
les ſentimens qu'il me donne , de
ſon infinie bonté à couronner
ſon œuvre, & récompenſer ſes
propres dons, Voici aparemment

mon cher Pere, la derniere lettre que je me donnerai l'honneur de vous écrire, ne devant
plus vous voir que devant le bon
Dieu. Vous voulez bien que je
vous demande humblement votre bénédiction, que je vous prie
de ne me pas refuser, & que j'esti-
me plus que tous vos biens ; c'est
l'unique portion que je vous demande de tout votre héritage.
Je vous demande pardon de tout
mon cœur, & les larmes aux
yeux, de toutes les fautes que
j'ai commises à votre égard, &
de tous les chagrins que je puis
vous avoir donné ; il n'est rien
que je ne fisse, & point de pénitence que je n'embrasse de tout
mon cœur pour vous dédomma-
ger de tout ce que vous avez
pu souffrir à mon occasion ; la
tendresse filiale que j'ai toujours

euë pour vous jufques ici n'a en
rien diminué par l'action que je
vais faire, mais au contraire elle
eſt beaucoup augmentée. Quoique je ſois ſur le point de mou-
rir à tout, ou du moins que j'y
travaille, mon cœur cependant
vivra toujours devant Dieu &
dans ſon ordre, je ne vous per-
drai jamais de vue, & j'éleverai
continuellement mes mains au
Ciel dans ma ſolitude pour le
ſalut de votre ame. Je vous avoue
que je ſuis pénetré de douleur
lorſque je penſe à la perte de
quelqu'un de la famille, je mè
livre volontiers dês maintenant
à la juſtice de Dieu; qu'elle faſſe
de moi ce qu'elle voudra, pourvu que nous ſoyons tous ſauvés,
& que nous nous réüniſſions
tous devant Dieu dans le grand
jour de l'éternité, pour ne nous

plus féparer. Il eft tems, mon tres cher Pere, que je finiffe, & que je vous dife le dernier adieu. Je ne vous quitte que pour une poignée de jours, la mort nous fera bientôt revoir en la compagnie des Elus. Je comte que je commencerai demain ma pénitence, vous ne fauriez comprendre le defir que j'en ai, & combien il me tarde d'être tout nû & dépouillé de tout pour me revêtir entierement de JESUS-CHRIST. Souffrez, s'il vous plaît, que j'embraffe pour la derniere fois mes freres & mes fœurs, pour qui j'ai les mêmes fentimens. Je croi que cette lettre fera commune à toute la famille, ainfi je ne leur écris pas. Affurez, je vous prie, Mademoifelle Anne de ma part de mes tendreffes, je ne l'oublierai jamais devant

Dieu, c'est la seule reconnoissance que je puis lui rendre de tous
les soins qu'elle a eu pour moi.
Je me recommande à ses saintes
prieres, & suis avec un tres-profond respect,

Mon tres-cher Pere,

De la Trappe
ce 21. Avril 1700.

Votre tres-obéïssant fils
l'Abbé de Jougla,

II. LETTRE,
écrite au même.

MONSIEUR mon tres-cher Pere,

Je quitte ma chere solitude un moment pour me rendre auprês de vous par cette lettre, & vous consoler de la perte que vous croyez avoir fait d'un fils, qui n'a renoncé au monde que pour se consacrer au service de Dieu. Ces sortes de renoncemens & de séparations ne méritent pas le nom de perte chez des ames Chretiennes que la foi anime, & qui ne se séparent ainsi durant le court espace de cette vie, qu'afin de se rejoindre devant Dieu au grand jour de l'é-

ternité, pour ne plus se séparer.
Il n'y a que les séparations éter-
nelles, ou pour mieux dire, ce
qui nous sépare éternellement de
Dieu, vers lequel nous devons
tous tendre, qui merite nos regrets & nos larmes : & si un pere
doit pleurer sur ses enfans, c'est
lorsqu'il voit qu'ils s'égarent des
voies du salut. Le R. P. Abbé
a eu la bonté de me faire voir
la lettre toute tendre que vous
lui avez écrite à mon occasion,
que j'ai lue avec un tres-grand
plaisir, & que j'ai pour ainsi dire,
devorée. Vous croyez bien que
j'ai versé des larmes à mon tour,
& que ce ne sont pas même les
premieres que j'ai versées. On les
doit à la nature, ce sont des droits
qu'elle exige avec rigueur de tout
le monde, & que les bons cœurs
sur tout, quelques prévenus qu'ils

foient d'ailleurs de la grace, ne
fauroient lui refufer. La famille
que j'ai toujours aimée, n'a pas
tenu, je vous affure, le dernier
rang dans mon facrifice; & s'il
eft vrai, que le Seigneur récom-
penfe dans l'autre vie ceux qui
pour l'amour de lui ont quitté
dans celle-ci ce qui les y attachoit
le plus, j'ai lieu d'efperer qu'il
me tiendra quelque comte de
ce que pour le fuivre j'ai paffé
par deffus tous les fentimens de
la nature, & qu'étant auffi atta-
ché que je le fuis à pere & mere, je ne me fuis pourtant pas
arrêté pour regarder derriere
moi, & j'ai toujours continué
mon chemin, quoique traverfé
par des mouvemens de la plus
vive tendreffe qui fut jamais.
La pieté & le Chriftianifme dont
je voi votre lettre remplie, me

fait comprendre que vous ne
me savez pas mauvais gré, que
la grace l'ait emporté sur vous,
& que JESUS-CHRIST notre
commun Maître ait triomphé de
mon cœur. Je souhaiterois qu'il
me fût permis pour votre consolation de vous dire de quelle
maniere il s'y est pris afin que
je ne lui échapasse pas. La vie
de la Trappe est tres-dure, ou
pour mieux dire, c'est une mort
continuelle ; tandis qu'on n'y o-
met rien pour sauver son ame,
& qu'on donne à cela tous ses
soins, on n'en prend nul pour
son corps, & on le comte pour
rien. On ne lui accorde que ce
qu'on ne lui peut pas refuser, je
veux dire, l'unique nécessaire, &
autant précisément qu'il en faut
pour pouvoir renouveller tous les
jours son sacrifice ,& tenir, pour

le dire ainſi, la victime en état d'être immolée à tous momens. La vie que je menois dans le monde étoit bien différente de celle-ci; je vivois doucement, & rien ne me manquoit. J'avois du bien, & je pouvois eſperer d'en avoir davantage. Je ſuis jeune, & d'une complexion tendre & délicate, naturellement ami de ma petite perſonne, ennemi du travail, & qui n'ai jamais ſçu ce que c'étoit que de ſe faire la moindre violence. Cependant, Monſieur, rien ne m'arrête, & mépriſant toutes ces conſidérations, j'entre avec courage dans cette voie étroite qui m'eſt marquée par le doigt de Dieu: je dis étroite par raport à ceux qui n'en jugent que par ce qui paroît au dehors, & qui ignorent les conſolations que Dieu y ré-

pand à pleines mains. Je dis encore que cette voie m'a été marquée par le doigt de Dieu : car
me connoiſſant comme vous faites, vous croyez bien que c'eſt
ſon ouvrage, & qu'il m'y a conduit lui-même. Je puis même
dire que je ſuis aſſuré de ma vocation plus qu'on ne l'eſt ordinairement; mon Frere de Paraza qui fait tous les reſſorts que
la divine Providence a mis en
œuvre pour m'apeller, & qui eſt
le témoin des graces que Dieu
m'a faites, de la plûpart deſquelles
il a lui même profité le premier,
pourra un jour vous en inſtruire
pour votre édification ; je le ſou-
haite ardemment, & je prie Dieu
tous les jours de tout mon cœur
qu'il daigne jetter les yeux de
ſa miſéricorde ſur le reſte de la
famille, comme il a fait ſur nous
deux

deux, afin que pas un ne périsse. Si le Seigneur agrée mes prieres, je vous assure que vous y avez une bonne part, aussi-bien que ma chere mere que je ne perds pas de vue un seul moment dans tout ce que je fais. Je ne suis pas par la grace de Dieu, ce me semble, à l'heure qu'il est si sensible à la peine que peut avoir un fils de se voir séparé pour le reste de ses jours d'une famille, & sur tout d'un pere & d'une mere qu'il aimoit tendrement; la foi me console & me fortifie, persuadé que ce n'est que pour une poignée de jours: mais ce que je ne puis suporter, c'est de m'imaginer qu'il peut y en avoir parmi nous qui seront damnés. Cette vue me fatigue d'une terrible maniere, & je ne puis y penser devant Dieu, que dans

la derniere affliction; aussi n'est-
il rien que je ne fisse volontiers
pour éviter ce malheur. Voila
quel est aujourd'hui l'objet de
ma tendresse; mais j'espere beaucoup de la miséricorde de Dieu,
& surtout de la protection de la
sainte Vierge, à qui je suis en
particulier moi-même redevable
de la grace que Dieu m'a faite,
J'ai cette confiance qu'elle aura
la bonté pour les autres. Agréez,
s'il vous plaît, que je demande
à ma mere une Messe tous les
jours en son honneur, que je la
prie de faire dire à quelque autel qui lui soit consacré, & à laquelle je souhaiterois autant que
les affaires le permettroient, que
quelqu'un de la famille assistât;
je n'en exclus pas Mademoiselle
Anne. Nous ne saurions assez
l'honorer, & on n'a jamais vu

périr ceux qui ont eu conftam-
ment recours à elle. Vous aurez
la bonté de marquer au R.P.
Abbé l'heure à laquelle on la
dira précifément. Je vous pro-
mets de ne pas manquer tous
les jours, quelque occupation que
j'aye, de m'y trouver en efprit,
& de me joindre avec celui qui
y fera au nom de toute la famille. Au refte, mon cher Pere,
je vous fuis infiniment obligé du
foin que vous prenez d'inftruire
le R.P. Abbé fur tout ce qui devroit naturellement m'éloigner
de la profeffion que j'ai embraf-
fée. Permettez moi de vous dire
qu'il y a dans cette affaire bien de
l'homme, & que la chair y a beaucoup plus de part que l'efprit.
Depuis que je fuis à la Trappe,
je ne connois pas une des infir-
mités dont vous faites le détail;

c'eſt un grand remede de faire la volonté de Dieu, qui ne commande jamais rien d'impoſſible, & qui donne toujours les forces pour executer ſes ordres ; j'ai même par là lieu de croire que par tout ailleurs je ſerois malade. Après tout quand je le ſerois ici, c'eſt ma pénitence, & c'eſt à quoi je dois employer le peu de vie qui me reſte , qui eſt l'unique choſe que Dieu m'a laiſſée, m'ayant dépouillé de tout ce que j'avois au delà. Je ne puis quitter qu'une fois le monde & ce que j'y poſſedois : mais ma ſanté & moi-même eſt le ſacrifice de tous les jours que la pénitence doit conſommer ; que ce ſoit aujourd'hui ou demain, qu'importe, pourvu que je fourniſſe ma carriere , & qu'au bout je trouve miſericorde devant Dieu ? Au reſte, mon cher Pere, je ne vous ai point donné avis lorſque j'ai abandonné mon benefice, parce qu'outre que les choſes ne ſe font point à la Trappe comme dans le monde, j'ai été d'ailleurs preſſé; je ne puis vous dire autre choſe, ſinon que ce benefice, depuis que je ſuis dans cette maiſon, m'étoit devenu un fardeau ſi peſant, qu'il a failli à m'accabler. Mon frere vous pourra expliquer un jour ce que je veux dire par là. Je m'en ſuis dépouillé avec le même plaiſir que j'en aurois eu autrefois de prendre poſſeſſion d'un Evêché; je ſuis ſorti nû du ſein de la terre, & j'y retournerai nû; je ſuis au reſte ſi content de ma nudité, que je ne changerois pas mon ſort avec ces heureux du ſiecle qui ſont le plus dans l'abondance. La Trappe eſt le lieu qu'il faut pour voir avec le Sage, que toutes choſes ne ſont que vanité & qu'affli-ction d'eſprit, hormis aimer Dieu & le ſervir. C'eſt ici préciſément le point de vue pour connoître combien ſont périſſables les biens de la terre, & pour n'en être point ſurpris comme ſont la plûpart des gens du monde qui en ſont trop prês, & même des perſon-nes qui font profeſſion de vertu; ce faux éclat qui les environne, & qui éblouït, fait ordinairement qu'on s'y attache ſans qu'on ait le tems de s'en apercevoir. O qu'il y aura de gens trompés, & que les jugemens de Dieu ſont differens de ceux des hommes! Il eſt tems, mon cher Pere, que je finiſſe, il me ſemble que ma lettre eſt aſſez longue, & qu'un Solitaire ne devroit pas tant par-

ler, mais c'eſt pour la conſola-
tion d'un pere & d'une mere,
& pour la derniere fois. Je vous
demande en grace de ne pas
m'écrire. Vous ſavez les raiſons
que je puis avoir, c'eſt d'ailleurs
contre mon état, & par conſe-
quent contre l'ordre de Dieu. Le
R. P. Abbé, m'a dit qu'il vous
avoit écrit, & qu'il vous donneroit de tems en tems de mes
nouvelles. Je ſuis avec un tres-
profond reſpect,

Mon tres-cher Pere,

De la Trappe
ce 14. Juin 1700.

F. Arſene Novice de
la Trappe.